{ 창조는 또 다른 창조를 낳는다 }

새 한글,
정확한
영어발음을
위한
새 글자

"지금이 새 한글 제정 시점이다"
"이제 우리 한글이 세계어가 되어야 하는 당위성이 있다"

Contents

새 한글 제정을 위한 제언

7장 외래어 표기법의 음과 표기는 동일하지만 다른 의미의 단어군

8장 다양한 상황별 회화
(Conversation of the different situations)

새 한글 제정의 당위성

■ **부록**

새 한글 제정을 위한 제언

우리 한글의 역사는 서기 1443년 세종대왕이 훈민정음 28자를 창제하면서 시작되었다. 이후 570여 년의 오랜 진화 과정에서 많은 우여곡절을 겪으면서 4자는 탈락 되었지만, 정음 자체에 내재되어 있는 불사의 생명력으로 살아남고 거듭 발전하여 오늘날 자모 합쳐 24자(자음 14자, 모음 10자)만을 사용하고 있다.

이 현용 24자로 우리의 어떤 말도 완벽하게 표기할 수 있지만, 국제 언어로 통하는 영어의 4개(예 : f, v, r, z) 자음과 2개의 복합자음 [예 : thing의 th(θ), this의 th(ð) 등]을 내는 우리 소리(음)가 없기 때문에 이들을 표기할 글자 또한 없다. 이는 너무나 자연스런 우리의 언어 현상이겠으나 이는 또한 타개해야 하는 현용 한글이 지니고 있는 언어(문어·구어)적 한계이다. 이런 한계 때문에 위의 6개 자음으로 구성된 수많은 어휘(예 : five, voice, rice, zone, think, then 등)들을 교습·학습하는데 어려움이 많은 것은 이중 언어(한국어·영어) 사용자들이 이미 인지한 지 오래다. 그런 어려움의 획기적 타개책으로 '새 한글 6자'를 창안하여 제공하니 영어를 가르치고 배우는 데 많은 도움이 되기를 바라며, 이 새 6자의 활용으로 한국어와 영어, 즉 이중 언어를 유창하게 구사하는 인재가 많이 배출되기를 희망한다.

인간은 새것을 접하면 개인의 감수성에 따라서 즉각적 거부감도 있을 수 있다. 그러나 그런 사람도 그 새것을 자주 보게 되면 자연스럽게 내 것으로 동화되어 거부감이 사라지는 것은 인간의 속성이다. 세종대왕의 훈민정음도 당시에 많은 학자들의 심한 부정적 주장이 있었다. 그러나 대왕은 백성을 위해 '쉬운 글자의 필요성'을 충분히 인식하고, 반대하는 학자들을 설득하시어 세계적인 '위대한 훈민정음', 즉 우리글을 창제하셨다. 이는 대왕이 몇 만 년 앞선 선구자적 통찰력을 확고히 갖춘 위대한 국왕이었기에 가능했다고 본다.

이렇게도 생각해 본다. 만약 세종대왕께서 현재에 재임 중이라면 이런 어려움을 깊이 통감하시고 기꺼이 제2의 한글 창제, 즉 '새 한글 6자'를 창제하셨을 것이라 믿어 의심치 않는다. 본인의 그런 확신이 우리 민족문화의 영원·무궁한 창달과 융성을 위하여 '새 한글 6자'를 창안하기에 이르렀다고 양심적으로 솔직히 고백한다.

무릇 글자는 소리(음)의 가시적 표현 수단이기에 익히기 쉬우면 그 글자의 기능을 최대·최고로 충족시키는 것이다. 이런 점에서 고찰해 보면 현용 한글 24자에 '새 한글 6자'를 합쳐도 30자에 불과하고, 현용 한글은 '배우기 쉽다'는 것이 자타가 공인하는 즉 세상이 인지하는 '한글의 특장'이며, '새 한글 6자'는 현용 한글과 흡

사하게 창안했기 때문에 역시 쉽게 익힐 수 있는 특장이 있다. 이런 '한글의 특장'을 고찰할 때, 많은 세계인이 쉽게 익히고 널리 활용하게 될 것이라는 믿음이 쉽게 드는 것은 너무나 당연한 것이고, 또한 어려운 영어보다 훨씬 선호도가 높을 것이라는 확신을 갖는다. 즉 우리말도 국제어가 될 수 있는 개연성이 크다는 것이다. 국제어, 이는 국력과 더불어 우리 국민의 강한 자긍심과 애국심, 지혜와 통찰력, 불굴의 의지와 열정적 행동에 달려 있다고 본다.

1장

새 한글 6자의
창안 개요

ㄷㄹㅂㅅㅈㅍ

1. 창안 배경

우리는 글로벌(global) 시대에 살면서 영어를 국제어로 사용하고 있고, 날마다 영어가 어원인 외래어를 많이 사용하고 있으며, 그중에서 우리 자음에 없는 영어 자음을 우리 자음에 맞춰 사용하고 있기 때문에 영어에 익숙한 사람은 듣기 거북할 뿐만 아니고, 어떤 경우에는 이해하는 데 어려움이 있고, 또한 그렇게 틀린 발음을 오래 하다 보면 나중에 나쁜 관성이 생겨서, 막상 회화나 낭독할 기회에 바른 발음이 잘되지 않아 당황하는 경우를 경험하기 쉽다.

예를 들어 'villa'를 빌라(billa)로, 'refill'을 리필(lepill)로, 'fan'을 팬(pan)으로, 'coffee'를 커피(coppee)로 외래어 하듯이 발음하면 영어에 익숙한 사람이나 원어민은 알아듣기 어려울 뿐만 아니고 거부감까지 든다.

또한 이중언어(Bilingual : 영어·한국어) 자가 자신이 매우 중시하는 자기 이름을 한글로 정확하게 소개하고 싶어도 그의 이름에 상응하는 한글이 없기 때문에 "새 한글"을 제정하여 그의 이름을 바르게 표기할 수 있는 흥미와 기쁨을 주는 것도 우리 국민의 사려 깊은 당연한 배려심이 아닐까!

더욱이 'think'의 θ(th), 'this'의 ð(th), r, v, f, z 등의 특이한 6개 자음은 우리 소리(자음)에도 자음 표기법에도 없다. 그런데도 훈민정음 창제 이후 570여 년 지나왔으니 이런 현상을 그대로 유지를 할 수도 있겠지만, 미래에 우리 한글의 국제어 화를 상정해 볼 때 늦은 감이 있으나 이제라도 위의 6개 영어 자음을 우리 자음으로 수용하고 그들에 상응한 표기법을 창안함이 '국제어 화'를 위한 또는 우리 민족문화의 영원·무궁한 창달과 융성을 위한 '위대한 초석'이 되리라고 확신한다.

2. 창안 취지

우리 자음에 없는 6개 영어자음 [f, r, v, z, th(θ), th(ð)]의 한글 표기법을 창안하여 표기하고, 이 창안한 표기법에 따른 발음으로 영어발음을 바르고 정확히 교습·학습하여 영어소통을 원활히 하기 위함이고, 영어회화 서적의 문장이나 단어 등에 현용 한글과 함께 창안한 새 한글 표기법을 혼용한 한글 표기를 첨가하여 더욱 바르고 정확한 발음을 하게 하여 영어회화를 원만히 하도록 도움을 주기 위함이며, 또한 영어를 배우지 못한 사람도 '새 한글 6자'의 표기법을 쉽게 익혀서 현용 한글 표기법과 함께 한글 표기만으로도 영어 회화를 능히 할 수 있도록 도움을 주기 위함이고, 또한 영어 원어민이 자신의 이름을 "새 한글"로 정확하게 소개 [예 : 포드(Ford)] 할 수 있는 차별화 된 "새 표기법"을 제공하기 위함이며, 또한 이제까지 구별 없이 사용하던 '외래어 표기법' (예 : f 와 p의 동일 발음 'ㅍ' 등)을 '새 한글 6자'로 구별하여 알맞게 사용하게 함으로써 나쁜 관성적 발음을 교정하여 영어 소통에 한 차원 높은 새 경지에 이르게 하기 위함이다.

새 한글,정확한 영어발음을 위한 새 글자

3. 새 한글 6자의 필요성

오늘날 영어가 국제어가 되어 신문, 도서 등의 인쇄물이나 광고, 방송, 대화, SNS 등에서 외래어를 많이 사용하고 있다.

예를 들면 villa의 '빌라', village의 '빌리지', coffee의 '커피', photo의 '포토', refill의 '리필', cafe의 '카페', franchise의 '프랜차이즈', rent의 '렌트', vinyl의 '비닐', friend의 '프렌드', fan의 '팬' 등으로 표기하고, 또 표기대로 말하지만, 이들은 영어의 바른 발음을 위한 바른 표기가 아니므로 '새로 창안한 글자'를 사용하는 것은 바르게 표기하고, 바르게 발음하여야 하는 필요성에 명확하게 부합하는 창안이다.

4. 발음의 정확성 충족

영어 할 때 강음(accent), 억양(intonation), 발음(pronunciation) 등의 3대 요소에 많은 신경을 쓴다. 그 중에도 발음에 특별히 신경을 많이 쓴다. 왜냐하면, 예를 들어 'five'를 현용 한글 표기법으로 발음하면 'pibe'로 들려 전혀 통할 수가 없기 때문이다. 이런 경우 '새 한글 6자'의 표기법으로 바꾸어 바르게 구별하여 쓰고, 바른 발음을 익히는 것은 두말할 나위 없이 발음의 정확성을 충족시키는 수단이다.

5. 외래어의 바른 한글 표기의 구(차)별화 요구

문교부 고시 "외래어 표기법"에 th(θ)와 s를 구별 없이 'ㅅ'로, th(ð)와 d를 구별 없이 'ㄷ'로, (f)와 (p)를 구별 없이 'ㅍ'로, (r)와 (l)를 구별 없이 'ㄹ'로, (v)와 (b)를 구별 없이 'ㅂ'로, (z)와 j(ʤ)를 구별 없이 'ㅈ'로 표기하도록 규정 고시했다. 이런 구별(차별) 없는 현용 한글 표기법을 '새 한글 6개 자음 표기법'으로 구별하여 바르게 씀으로써 더 정확히 발음해야 하는 요구를 완벽히 충족시켜 준다.

2 장

새 한글 6자

ㄷ ㄹ ㅂ ㅅ ㅈ ㅍ

1. 창안에 따른 숙고사항

(1) 쉽게 익힘

"쉽게 익힘"은 '새 한글 6자'의 창안의 주안점이었다. 따라서 가능하면 현용 한글 자음 표기와 유사하도록 한 획을 첨가하거나 약간만 변형하였다.

(2) 표기의 유사화

발음이 다른 두 개 자음(예 : f와 p)을 한 발음(예 : ㅍ)으로 표기하는 '무리'(無理)를 타개하고 두 자음의 구별이 쉽도록 하기 위하여 아주 유사하도록 고안하였다.

◆ 구체적 설명

th(ð)와 d의 자음 발음을 구별 없이 같이 'ㄷ'로 표기하기 때문에 th(ð)의 '새 한글 표기'는 소괄호의 왼쪽 호 ' ('를 써서 " ㄷ "처럼 별도로 표기하여 'ㄷ'와 쉽게 구별되게 하고, r와 l의 자음 발음도 역시 구별 없이 같이 'ㄹ'로 표기하기 때문에 r의 '새 한글 표기'는 " ㄹ "처럼 별도로 표기하여 'ㄹ'와 쉽게 구별되게 하며, v와 b의 자음 발음도 구별 없이 같이 'ㅂ'로 표기하기 때문에 v의 '새 한글 표기'는 " ㅂ "처럼 별도로 표기하여 'ㅂ'와 쉽게 구별되게 하고, th(θ)와 s의 자음 발음도 구별 없이 같이 'ㅅ'로 표기하기 때문에 th(θ)의 '새 한글 표기'는 훈민정음 당시의 " ㅅ "를 그대로 쓰되 상하 중간 지점에서 좌선과 우선에 닿도록 평행하게 줄을 긋고 " ㅅ "처럼 별도로 표기하여 'ㅅ'와 쉽게 구별되게 하며, z와 j(ʤ)의 자음 발음도 역시 구별 없이 같이 'ㅈ'로 표기하기 때문에 z의 '새 한글 표기'는 " ㅈ "처럼 별도로 표기하여 'ㅈ'와 쉽게 구별되게 하고, f와 p의 자음 발음도 구별 없이 같이 'ㅍ'로 표기하기 때문에 f의 '새 한글 표기'는 " ㅍ "처럼 별도로 표기하여 'ㅍ'와 쉽게 구별되게 창안하였다.

2. 새 한글 6자와 현용 한글 자모 24자

(1) 새 한글 6자

⑴ 새 자음 : ㄷ, ㄹ, ㅂ, ㅅ, ㅈ, ㅍ

⑵ 새 된소리 (강음 强音 ; 쌍자음) : ㅿㅿ, ㄸ

(3) 현용 한글 자모 24자

⑴ 자음 14자 : ㄱ, ㄴ, ㄷ, ㄹ, ㅁ, ㅂ, ㅅ, ㅇ, ㅈ, ㅊ, ㅋ,
　　　　　　　ㅌ, ㅍ, ㅎ

⑵ 모음 10자 : ㅏ, ㅑ, ㅓ, ㅕ, ㅗ, ㅛ, ㅜ, ㅠ, ㅡ, ㅣ

⑶ 된소리 (강음 强音 ; 쌍자음) : ㄲ, ㄸ, ㅃ, ㅆ, ㅉ

3. 새 한글 6자의 표기 및 이름

표기는 좀 새롭지만 이름은 현용 이름을 모방하였다.

예 : 'ㄱ' (기억), 'ㄴ' (니은)

'ㄷ' (디귿), 'ㄹ' (리을), 'ㅂ' (비읍)
'ㅅ' (시옷), 'ㅈ' (지읒), 'ㅍ' (피읖)

4. 표기 적용

this의 (th)는 'ㄷ'로, (r)은 'ㄹ'로, (v)는 'ㅂ'로, thing 의 (th)는 'ㅅ'로, (z)는 'ㅈ'로, f나 ph로 구성된 단어의 (f) 발음은 'ㅍ'로 표기한다.

5. 새 한글 6자 쓰는 법

(1) ' ⊏ ' 쓰는 법

' ⊏ ' 는 보기와 같이 '⊏'을 쓸 때 같이 윗선을 좌에서 우로 평행하게 긋고, 새 선을 윗선 좌측 끝단에 이어서 소괄호의 왼쪽 ' ('호 같이 그리고, 그 호 끝에서 오른쪽으로 평행하게 윗선 길이와 같게 직선을 그어 멈춘다.

[보기]

⊏

(2) ' ㄹ ' 쓰는 법

' ㄹ ' 은 보기와 같이 'ㄹ'과 같이 쓰고, 맨 아랫선 우측 끝단에서 중간선 끝단 쪽으로 ⅔ 간극 만큼 위로 그어 올려 멈춘다.

[보기]

ㄹ

(3) 'ㅂ' 쓰는 법

'ㅂ'은 보기와 같이 '와인잔'(Wine Glass)의 '와인 담는 부분' 같이 그려 쓰고, 새 선을 글자 높이의 중간(½) 지점에서 좌선에 붙여 우로 평행하게 우선에 닿게 그어 멈춘다.

[보기]

(4) 'ㅅ' 쓰는 법

'ㅅ'은 보기와 같이 훈민정음 창제 당시의 'ㅅ'과 같이 쓰고 그 글자 높이의 약 반(½) 되는 지점에서 새 선을 좌선에 붙여 평행하게 우선에 닿게 그어 멈춘다.

[보기]

(5) '  ' 쓰는 법

'  ' 는 보기와 같이 현용 **'ㅈ'**과 비슷하게 디자인(design)한 표기이며 **'ㅈ'**를 쓸 때 같이 윗선을 좌측에서 우로 평행하게 긋고, 우측 끝단에서 좌로 경사지게 그어 윗선 좌측 끝단에 수직 되는 지점에서 멈추고, 새 사선을 윗선 좌측 끝단에 이어 우로 경사지게 그어 기 사선의 중간 지점을 통과하고 윗선의 길이와 수직되게 그어 멈춘다.

[보기]

(6) '  ' 쓰는 법

'  ' 은 보기와 같이 **'ㅍ'**을 그 글자 형태를 그대로 유지하고, **'ㅍ'**의 윗부위에 윗선 길이의 ½ 만큼 평행선을 그어 멈춘다.

[보기]

6. 발음 법

영어 표준 발음과 같다.

(1) [ð] 발음

[ð] 소리 : 이는 혓소리(설음 : 舌音)이고, 혀끝을 좌우로 벌리
고 윗니와 아랫니로 그 벌린 혀끝을 약하게 물면서
빼냈다가 안쪽으로 끌어들이면서 [ㄷ]소리를 낸
다. the(더)의 첫소리와 같다.

(2) [r] 발음

[r] 소리 : 이는 혓소리(설음 : 舌音)이고, 혀끝을 말아 입안
중간에 띄우고 입술을 좌우 타원형으로 벌리며
[ㄹ]소리를 낸다. rot(랏)의 첫소리와 같다.

(3) [v] 발음

[v] 소리 : 이는 입술소리(순음 : 脣音)이고, 입술을 약간 오
므리고 윗니로 아랫입술의 안쪽을 약간 물었다가
약한 바람을 불어 물었던 입술을 떼면서 [ㅂ]소
리를 낸다. van(밴)의 첫소리와 같다.

(4) [θ] 발음

[θ] 소리 : 이는 반잇소리(반치음 : 半齒音)이고, 혀끝을 좌우로 벌리고 윗니와 아랫니로 그 벌린 혀끝을 약하게 물면서 **빼냈다가** 안쪽으로 끌어들이면서 [ㅅ]소리를 낸다. thin(**신**)의 첫소리와 같다.

(5) [z] 발음

[z] 소리 : 이는 잇소리(치음 : 齒音)이고, 혀끝을 좌우로 벌리고 윗니와 아랫니로 그 벌린 혀끝을 약하게 물면서 **빼냈다가** 안쪽으로 끌어들이면서 [ㅈ]소리를 낸다. zip(**집**)의 첫소리와 같다.

(6) [f] 발음

[f] 소리 : 이는 입술소리(순음 : 脣音)이고, 입술을 좌우로 벌리고 윗니로 아랫입술의 안쪽을 약간 물었다가 약한 바람을 불어 물었던 입술을 떼면서 [ㅍ]소리를 낸다. full(**풀**)의 첫소리와 같다.

7. 사용 원칙

(1) 대개 첫소리(초성 初聲)에만 쓴다.

  예 : 더 (the); 립 (rib); 베스트 (vest); 신 (thin);

    존 (zone); 포그 (fog)

(2) 된소리(강음 强音 ; 쌍자음)는 ʌʌ 와 ⼰ 만 쓴다.

(3) 발음은 영어 표준 발음과 같다.

(4) 영어 단어의 발음 표기나 외래어 표기에만 사용한다.

(5) 글자 구성은 한글 표기법을 따른다.

(6) 그 밖의 원칙은 "문교부 외래어 표기법"을 따른다.

(7) 영어 배우기 직전에 교습한다.

(8) 인쇄나 컴퓨터 프로그램용으로 사용한다.

3 장

한글의 구성

ㄷ ㄹ ㅂ ㅅ ㅈ ㅍ

1. 소리(음) 구성

(1) 2개 소리(음)의 한 음절 글자:

첫소리(초성 : 初聲)와 끝소리(종성 : 終聲)

[보기]

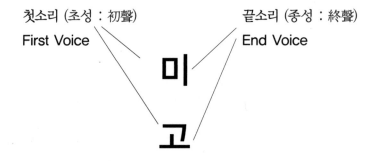

첫소리 (초성 : 初聲)
First Voice

끝소리 (종성 : 終聲)
End Voice

미
고

(2) 3개 소리의 한 음절 글자 :

첫소리(초성 : 初聲), 중간소리(중성 : 中聲), 끝소리(종성 : 終聲)

[보기]

첫소리 (초성 : 初聲)
First Voice

중간소리 (중성 : 中聲)
Mid Voice

평

끝소리 (종성 : 終聲)
End Voice

2. 글자 구성

(1) 2개 자모로 구성 : 첫 자음과 끝 모음

비, 소

(2) 3 자모로 구성 : 첫 자음, 중간 모음, 끝 자음

산, 정, 곰, 못

4 장

새 한글
6자의 쓰기

ㄷ ㄹ ㅂ ㅅ ㅈ ㅊ

1. ⊏ 의 쓰기

(1) ⊏ 의 세로쓰기(종서 : 從書)

도, 됴, 두, 듀, 드

(2) ⊏ 의 가로쓰기(횡서 : 橫書)

다, 댜, 더, 뎌, 디

(3) 3음(초성, 중성, 종성) 구성 글자 쓰기 :

동, 둠, 듯, 댕, 덤

2. ㄹ 의 쓰기

(1) ㄹ 의 세로쓰기(종서 : 從書)

로, 료, 루, 류, 르

(2) ㄹ 의 가로쓰기 : (횡서 : 橫書)

라, 랴, 러, 려, 리

(3) 3음(초성, 중성, 종성) 구성 글자 쓰기 :

론, 룹, 릉, 랫, 럼

3. ㅂ의 쓰기

(1) ㅂ 의 세로쓰기(종서 : 從書)

보, 뵤, 부, 뷰, 브

(2) ㅂ 의 가로쓰기 : (횡서 : 橫書)

바, 뱌, 버, 벼, 비

(3) 3음(초성, 중성, 종성) 구성 글자 쓰기 :

볼, 붙, 붓, 밴, 빙

4. ㅅ 의 쓰기

(1) ㅅ 의 세로쓰기(종서 : 從書)

소, 쇼, 수, 슈, 스

(2) ㅅ 의 가로쓰기 : (횡서 : 橫書)

사, 샤, 서, 셔, 시

(3) 3음(초성, 중성, 종성) 구성 글자 쓰기 :

송, 숨, 슴, 샐, 신

5. ㅈ 의 쓰기

(1) ㅈ 의 세로쓰기(종서 : 從書)

조, 죠, 주, 쥬, 즈

(2) ㅈ 의 가로쓰기 : (횡서 : 橫書)

자, 쟈, 저, 져, 지

(3) 3음(초성, 중성, 종성) 구성 글자 쓰기 :

종, 줌, 즛, 잘, 진

6. ㅍ의 쓰기

(1) ㅍ의 세로쓰기(종서 : 從書)

포, 표, 푸, 퓨, 프

(2) ㅍ의 가로쓰기 : (횡서 : 橫書)

퐈, 퍄, 풔, 펴, 픠

(3) 3음(초성, 중성, 종성) 구성 글자 쓰기 :

퐁, 품, 풋, 팽, 험

5 장

발음과 표기의
구별화 필요성

ㄷㄹㅂㅅㅈㅎ

1. 발음의 구별화

(1) this의 복합자음 th의 발음은 this의 첫소리 같이 'ð'(ㄷ)
로 발음 하여 dog의 첫 소리 같은 d(ㄷ)의 발음과 구별한다.

(2) r자의 발음은 rib의 첫 소리 같이 'r'(ㄹ)로 발음하여 lee
의 첫소리 같은 l(ㄹ)의 발음과 구별한다.

(3) v의 발음은 van의 첫 소리 같이 'v'(ㅂ)로 발음하여 bag
의 첫소리 같은 b(ㅂ)의 발음과 구별한다.

(4) think의 복합자음 th의 발음은 think의 첫 소리같이 'θ'(
ㅅ)로 발음하여 see의 첫소리 같은 s(ㅅ)의 발음과 구별한다.

(5) z자의 발음은 zip의 첫 소리 같이 'z'(ㅈ)로 발음하여 job
의 첫소리 같은 j(ㅈ)의 발음과 구별한다.

(6) f의 발음은 fog의 첫 소리 같이 'f'(ㅍ)로 발음하여 pie의
첫소리 같은 p(ㅍ)의 발음과 구별한다.

2. 표기의 구별화

(1) this의 복합자음 th의 표기는 'ㄷ'로 쓰고 d자의 표기는 'ㄷ'로 써서 구별한다.

(2) r의 표기는 'ㄹ'로 쓰고 l자의 표기는 'ㄹ'로 써서 구별한다.

(3) v의 표기는 'ㅂ'로 쓰고 b자의 표기는 'ㅂ'로 써서 구별한다.

(4) think의 복합자음 th의 표기는 'ㅅ'로 쓰고 s자의 표기는 'ㅅ'로 써서 구별한다.

(5) z의 표기는 'ㅈ'로 쓰고 j자의 표기는 'ㅈ'로 써서 구별한다.

(6) f의 표기는 'ㅍ'로 쓰고 p자의 표기는 'ㅍ'로 써서 구별한다.

6 장

우리의 자음과 표기에 없는 영어 단어군 : 사전에서 일부 발췌

ㄷ ㄹ ㅂ ㅅ ㅈ ㅍ

아래와 같이 수많은 단어들의 오(틀린)발음을 '새 한글 6자'로 바로잡는 효과를 명쾌히 실현한다.

1. 'th'로 시작하는 단어군

(1) 'th'로 시작하여 (ㄷ)로 발음하는 단어

that	(댓)
than	(댄)
their	(데어)
them	(뎀)
then	(덴)
they	(데이)
this	(디스)
there	(데어)
the	(더)
thence	(덴스)
those	(도ㅈ)
these	(디ㅈ)
thus	(더스)

2. 'r'로 시작하는 단어군

(1) 'r'로 시작하여 (ㄹ)로 발음하는 단어군

really	(리얼리)
return	(리턴)
rest	(레스트)
ride	(라이드)
ring	(링)
roof	(루흐)
review	(리뷰)
rich	(리치)
rope	(로프)
respect	(리스펙)
run	(런)
right	(라이트)
roll	(롤)
rise	(라이즈)
receive	(리시브)
reason	(리즌)

(2) 'R' (ㄹ) 시작하는 고유명사

Rambo	(람보)
Rhodes Islands	(로드 아이런즈)
Rocky Mountains	(로키 마운틴즈)
Roman	(로먼)
Roumania	(루마니아)
Ruth	(루스)

3. 'v'로 시작하는 단어군

(1) 'v' 로 시작하여 (ㅂ)로 발음하는 단어군

vacant	(베이컨트)
vain	(베인)
van	(밴)
valley	(밸리)
value	(배류)
veil	(베일)
vein	(베인)
venom	(베논)

very	(베리)
vest	(베스트)
veto	(비토)
vice	(바이스)
victor	(빅토)
vista	(비스타)
vital	(바이틀)
vocal	(보컬)
view	(뷰)
volume	(보륨)
vote	(보우트)
violin	(바이오린)
vision	(비존)
virus	(바이러스)
voice	(보이스)
village	(빌리지)
visa	(비자)

(2) 'V'로 시작하여 (ㅂ)발음하는 고유명사

Valentine	(배렌타인)
Venetia	(베네치아)
Venus	(비너스)
Vivian	(비비안)
Virginia	(버지니아)
Victoria	(빅토리아)

4. 'th'로 시작하여 (ㅿ)로 발음하는 단어군

(1) 여러 품사

thank	(생크)
theater	(ㅿ이어터)
theory	(ㅿ이오리)
thick	(ㅿ이크)
thing	(싱)
think	(싱크)
third	(서드)
thought	(소트)

thousand   (사우전드)

thread   (스레드)

three   (스리)

thrill   (스릴)

thumb   (섬)

(2) 'th'(ㅅ)로 발음하는 고유명사 :

Thanksgiving Day   (쌩크스 기빙데이)

Thatcherism   (새처리즘)

Thetis   (세티스)

Thalia   (서라이어)

Thousand Islands   (사우전 아이런즈)

Thessalonian   (세써로니안)

5. 'z'로 시작하는 단어군

(1) 'z'로 시작하여 (ㅈ)로 발음하는 단어군

zeal	(질)
zero	(지로)
zest	(제스트)
zigzag	(지그재그)
zip	(지프)
zone	(존)
zoo	(주)
zoom	(줌)

(2) 'Z' (ㅈ)로 발음하는 고유명사 :

Zaire	(재이어)
Zambia	(잠비아)
Zeus	(제우스)
Zen	(젠)
Zulu	(주루)
Zion	(지온)
Zorro	(조로)

(3) 끝 발음이 (ㅈ)가 되는 단어군

is   (이ㅈ)

haze   (헤이ㅈ)

hose   (호우ㅈ)

houses   (하우지ㅈ)

rouse   (로우ㅈ)

news   (뉴-ㅈ)

rose   (로우ㅈ)

was   (워ㅈ)

6. 'f'로 시작하여 (ㅍ)로 발음하는 단어군

(1) 여러 품사

face	(페이스)
fact	(팩트)
fade	(페이드)
fair	(페어)
fake	(페이크)
fall	(펄)
fame	(페임)
family	(패밀리)
fan	(팬)
fare	(페어)
fast	(패스트)
fat	(팻)
father	(파더)
feather	(페더)
flank	(프랭크)
football	(풋볼)
fire	(파이어)
fight	(파이트)

field	(휠드)
fifteen	(피프**틴**)
file	(파**일**)
fill	(휠)
finally	(파이너리)
fine	(파**인**)
finger	(휭거)
finish	(피니쉬)
first	(퍼스트)
fish	(피쉬)
five	(파이브)
flag	(프래그)
flesh	(프레쉬)
fly	(플라이)
flow	(플로우)
follow	(활로우)
food	(푸드)
foot	(훗)
fool	(풀)
forever	(포에버)
forget	(포겟)

form   (폼)

fox   (확스)

freedom   (프리덤)

friend   (프렌드)

front   (프런트)

full   (풀)

fund   (펀드)

funny   (퍼니)

future   (휴춰)

(2) 'f'로 시작하는 고유명사 :

Fabian   (페이비안)

Fahrenheit   (패런하이트)

Federation Cup   (페더레이션 컵)

Fidel Castro   (피델 카스트로)

Formosa   (호모사)

Frank   (프랭크)

French   (프렌취)

Fulbright   (홀브라이트)

Futurist   (휴쳐리스트)

Finland   (흰랜드)

(3) 'ph'로 시작하지만 (f = v)로 발음하는 단어군 :

phantom	(팬텀)
pharmacy	(파머시)
philosophy	(필라서피)
phase	(페이즈)
pheasant	(페즌트)
phone	(혼)
photo	(포토)
photograph	(포토그래프)
phrase	(프레이즈)
physical	(피지컬)

(4) 'ph'로 시작하지만 (f = ㅍ)로 발음하는 고유명사

Pharaoh	(페로오)
Philip	(필립)
Philistia	(필리스티어)
Philadelphia	(필라델피아)
Philippines	(필립핀즈)

7 장

외래어 표기법의 음과 표기는 동일하지만 다른 의미의 단어군

ㄷ ㄹ ㅂ ㅅ ㅈ ㅎ

아래의 '예'를 보면 발음과 표기의 구별화가 필요하다.

1. d (ㄷ)와 ð (⊏)의 단어군

day '**데이**'는 결코 they '**데이**'와 같은 음이 아니고 의미 또한 다른 것이며, dare '**데어**'는 there '**데어**'와 같은 음이 아니고 의미 또한 다르며, den '**덴**'은 결코 then '**덴**'와 같은 음이 아니고 의미 또한 다르며, dose '**도스**'는 those '**도즈**'와 같은 음이 아니고 의미 또한 다르다. 이해를 돕는 비교표는 아래와 같다.

	d (ㄷ)	ð (⊏)
w	day	they
o	dare	there
r	den	then
d	dose	those

2. l (ㄹ)와 r (己)의 단어군

lice **'라이스'**은 rice **'라이스'**와 같은 음이 아니므로 의미 또한 다르고, lake **'레이크'**는 rake **'레이크'**와 같은 음이 아니므로 의미 또한 다르며, lane **'레인'**은 rain **'레인'**와 같은 음이 아니므로 의미 또한 다르고, lot **'랏'**은 rot **'랏'**와 같은 음이 아니므로 의미 또한 다르다. 이해를 돕는 비교표는 아래와 같다.

	l (ㄹ)	r (己)
w	lice	rice
o	lake	rake
r	lane	rain
d	lot	rot

3. b (ㅂ)와 v (ㅂ)의 단어군

bolt **'볼트'**는 volt **'볼트'**와 같은 음이 아니므로 의미 또한 다르며, boat **'보-트'**는 vote **'보-트'**와 같은 음이 아니므로 의미 또한 다르고, best **'베스트'**는 vest **'베스트'**와 같은 음이 아니므로 의미 또한 다르다. 이해를 돕는 비교표는 아래와 같다.

	b (ㄹ)	v (ㅂ)
w	bolt	volt
o	boat	vote
r	best	vest
d		

4. s (ㅅ)와 θ (Λ)의 단어군

song **'송'**은 결코 thong **'송'**과 같은 음이 아니고 의미 또한 다르며, sing **'싱'**은 결코 thing **'싱'**과 같은 음이 아니고 의미 또한 다르고, sink **'싱크'**는 결코 think **'싱크'**와 같은 음이 아니고 의미 또한 다르며, sin **'신'**은 thin **'신'**과 같은 음이 아니고 의미 또한 다르다. 이해를 돕는 비교표는 아래와 같다.

	s (ㅅ)	θ (Λ)
w	song	thong
o	sing	thing
r	sink	think
d	sin	thin

5. j (ㅈ)와 z (⅀)의 단어군

jest **'제스트'**는 zest '제스트'와 같은 음이 아니므로 의미 또한 다르고, jig **'지그'**는 zig '지그'와 같은 음이 아니므로 의미 또한 다르다. 이해를 돕는 비교표는 아래와 같다.

	j (ㅈ)	z (⅀)
w	jest	zest
o	jig	zig
r		
d		

6. p (ㅍ)와 f (ㅍ̄)의 단어군

pull **'풀'**은 full **'훌'**와 같은 음이 아니므로 의미 또한 다르고, plight **'프라이트'**는 flight **'프̄라이트'**와 같은 음이 아니므로 의미 또한 다르며, pan **'팬'**은 fan **'팬̄'**와 같은 음이 아니므로 의미 또한 다르고, pool **'풀-'**은 fool **'훌'**와 같은 음이 아니므로 의미 또한 다르며, 이해를 돕는 비교표는 아래와 같다:

	p (ㅍ)	**f (ㅍ̄)**
w	pull	full
o	plight	flight
r	pan	fan
d	pool	fool

8 장

다양한 상황별 회화
(Conversation of the different situations)

ㄷ ㄹ ㅂ ㅅ ㅈ ㅍ

새 한글 6자와 현용 한글 24자를 혼용하여 더 정확하게 발음을 표기하면 더 바르고 정확한 발음으로 영어회화가 원활해진다.

다음의 대화들(Dialogues)은 '새 한글 6자'에 대한 실용성(Utility)을 확인할 수 있는 기회를 독자들에게 주기 위한 목적이고 영어회화의 교습용은 아니다. 미국식 발음임을 참고하기 바란다.

1. 아침에 친구와 만남
(Ruth meets Frank in the morning)

Ruth : Good morning, Frank. How are you?
루스 : 굿 모-닝, 프랭크. 하우 아-유?

Frank : I am fine, thank you and you, Ruth?
프랭크 : 아이 앰 ㆄ인, 생큐 앤 유, 루스?

Ruth : I am fine, too. Thank you, Frank.
루스 : 아이 앰 ㆄ인, 투 -. 생큐, 프랭크.

Frank : Ruth, by the way,
프랭크 : 루스, 바이 더 웨이,

do you have time this evening?
두 유 해브 타임 디스 이브닝?

Ruth　: Let me think. Yes, I do.
루스　　: 랫 미 싱크. 예스, 아이 두.

What's on your mind, Frank?
워쓰 온 유어 마인, 프랭크?

Frank : I want to have dinner with you.
프랭크 : 아이 원 투 해브 디너 위스 유.

Would you come, Ruth?
우드 유 컴, 루스?

Ruth　: Yes, I'd come. Thank you, Frank.
루스　　: 예스, 아이드 컴. 생큐, 프랭크.

2. 친구와 저녁식사
(Have dinner with a friend)

Ruth : Smells good, doesn't it, Frank?
루스 : 스멜ㅈ 굿, 다즌잇, 프랭크?

Frank : Yes, it does really. What is it, Ruth?
프랭ㅋ : 예스, 잇 다ㅈ 리얼리. 윗 이ㅈ 잇, 루스?

Ruth : It smells like Bulgogi,
루스 : 잇 스멜ㅈ 라이크 불고기,

which is my favorite dish.
위치 이ㅈ 마이 ㅔ이보릿 디쉬.

Frank : So, what would you like for dinner,
프랭ㅋ : 쏘우, 윗 우드 유 라이크 ㅗ 디너,

Bulgogi?
불고기?

Ruth　: Why not. I' ll have it.
루스　　: 와이 낫. 아일 해브 잇.

What about you, Frank?
윗 어바웃 유, 프랭크?

Frank : Well, I'll go with you. Waiter,
프랭크　: 웰, 아일 고우 위스 유. 웨이터,

we'd like two Bulgogies, please.
위드 라이크 투 불고기즈, 프리즈.

Waiter: Two Bulgogies, right? thank you.
웨이터　: 투 불고기즈, 라잇? 생큐.

··· A little later ···
··· 어 리틀 레이터 ···

Waiter : Here your Bulgogies are, enjoy meal.

웨이터 : 히어 유어 불고기즈 아, 엔조이 밀.

Anything else? Call me anytime.

에니싱 엘스? 콜 미 에니타임.

3. 포드가 버스를 타다
(Ford rides a bus)

Ford : Is this bus for Seoul Train
포 드 : 이즈 디스 버스 호 서울 트레인

Station?
스테이션?

Bus Driver : Yes, you are on the right bus.
버스 드라이버 : 예스, 유 아 온 더 라잇 버스.

Ford : How long does it take to get
포 드 : 하우 롱 다즈 잇 테이크 투 겟

there, sir?
데어, 써?

Bus Driver : Well, it takes about 15 minutes.
버스 드라이버 : 웰, 잇 테이크스 어바웃 15 미닛쓰.

Ford	: Sir, I am new here.
포드	: 써, 아이 엠 뉴 히어.

Would you let me know when
우드 유 렛 미 노우 웬

we get there, please?
위 겟 데어, 프리즈?

Bus Driver	: Of course, I will, but don't
버스 드라이버	: 오브 코 - 스, 아이 윌, 벗 던

worry because the station over
워리 비커즈 더 스테이션 오버

there is Seoul Station.
데어 이즈 서울 스테이션.

Ford   : I see. Thank you.
포드   : 아이 씨. 생큐.

You have a good day, sir.
유 해브 어 굿 데이, 써.

4. 존이 진료를 받다

(John sees his doctor)

John : Hi, Doc, how are you, today?
존 : 하이 닥, 하우 아 유, 투데이?

Doctor : I'm fine and you?
닥터 : 아임 파인 앤 유?

What made you see me today, John?
윗 메이드 유 씨 미 투데이, 존?

John : Doc, I have a severe running nose.
존 : 닥, 아이 해브 어 씨비어 런닝 노우즈.

It's been four days. Very hard to sleep.
이쓰 빈 포 데이즈. 베리 하드 투 스리프.

You've got to fix it for me.
유브 갓 투 픽스 잇 포 미.

Doctor : First of all, let me take your
닥터　　:퍼스트 오브 올, 렛 미 테이크 유어

temperature. Yes, you have a little
템퍼레춰. 예스, 유 해브 어 리틀

fever, 37 Degrees.
피버, 37 디그리즈.

Now let me check your mouth.
나우 렛 미 체크 유어 마우스.

Open it wide and stick out your
오픈 잇 와이드 앤 스틱 아웃 유어

tongue.
텅.

John　　: Doc, what's about it?
존　　　: 닥, 윗쓰 어바웃 잇?

Doctor : You should rest for a couple of days
닥터 　 : 유 슈드 레스트 호 어 커풀 오브 데이즈

and drink lots of water.
앤 드링크 라쓰 오브 워터.

Then it should be no problem.
덴 잇 슈드 비 노우 프라브럼.

OK, John!
오케이, 존!

John 　 : Yes Doc, thank you.
존 　　 : 예스 닥, 생큐.

5. 팻은 LA 뮤지엄에 막 들어가려는 숙녀를 만나다 (Pat found a lady being about to enter LA Museum)

Pat : Excuse me, Madam.
팻 : 익스큐즈미, 마담.

Is this LA Museum?
이즈 디스 엘에이 뮤지엄?

Sunny : Yes, the sign over there says so.
써니 : 예스, 더 싸인 오버 데어 세즈 쏘우.

Yes, this is the LA Museum. Are you
예스, 디스 이즈 더 엘에이 뮤지엄. 아 유

interested in the Museum? Which one
인터레스티드 인 더 뮤지엄? 위치 원

is your interest, literature or art?
이즈 유어 인터레스트, 리터래춰 오어 아트?

Pat : My interest is a sort of the
팻 : 마이 인터레스트 이즈 어 쏘로 오브 더

literature. By the way, my name
리터래춰. 바이 더 웨이, 마이 네임

is Pat. Yours is?
이즈 팻. 유어즈 이즈?

Sunny : Oh, mine is Sunny.
써니 : 오-, 마인 이즈 써니.

Nice to meet you, Pat.
나이스 투 미트 유, 팻.

It's very kind of you, Pat.
이쓰 베리 카인 오브 유, 팻.

Pat : Thank you, but nothing at all.
팻 : 생큐, 벗 나싱 앳 올.

For your literature, you've got to
호 유어 리터래춰, 유브 갓 투

go to the building over there.
고우 투 더 빌딩 오버 데어.

It says Hemingway.
잇 세즈 헤밍웨이.

Just go straight, following this path.
저스트 고우 스트레이트 팔로잉 디스 패스.

You cann't miss it.
유 캔트 미스 잇.

Sunny : Again, thanks lots, Pat.

써니　　: 어게인, 쌩크스 랏, 팻.

It's been nice meeting you.

이쓰 빈 나이스 미팅 유.

6. 한 모임에서 간단한 자기 소개
(Self-introduction at a small club)

Hi everyone, my name is Frank Rhee,
하이 에브리원, 마이 네임 이즈 프랭크 리,

20 years old from Los Angeles.
20 이어즈 올드 프롬 로스 안젤스.

I am interested in the active sports like
아이 엠 인터레스티드 인 더 엑티브 스포츠 라이크

basketball, tennis, and soccer.
배스킷볼, 테니스, 앤 썩커.

I also like golf very much.
아이 올쏘우 라이크 골프 베리 마취.

I usually play it every weekend.
아이 유쥬얼리 플레이 잇 에브리 위크엔드.

The foods that I like are any hot ones such as
더 푸즈 댓 아이 라이크 아 에니 핫 원즈 써치 애즈

kimchi, beef jerky, and seasoned meat
킴치, 비프 저키, 앤 씨즌드 미트

like 'bulgogi'.
라이크 '불고기'.

I would like reading books like a love story,
아이 우드 라이크 리딩 북쓰 라이크 어 러브 스토리,

a social issue, and also a political issue.
어 소셜 이쓔, 앤 올쏘우 어 포리틱컬 이쓔.

I also like the soap operas and I like
아이 올쏘우 라이크 더 쏘프 오페라즈 앤 아이 라이크

watching them with my family.
와칭 뎀 위스 마이 패밀리.

I also like the internet chatting and I usually
아이 올쏘우 라이크 더 인터넷 채팅 앤 아이 유쥬얼리

do about 30 minutes everyday.
두 어바웃 30 미닛쓰 에브리 데이.

That's about it, guys.
댓쓰 어바웃 잇, 가이즈.

9 장

한글로
먼저 쓴 영어회화
(English Conversation
written‑first in Korean)

ㄷ ㄹ ㅂ ㅅ ㅈ ㅍ

'새 한글 6자'와 현용 한글을 혼용하여 한글로 쓴 영어 회화가 소통 가능한지 보기 위해서 한글로 먼저 써 본다.

다음의 대화들(Dialogues)은 '새 한글 6자'에 대한 실용성 (Utility)을 확인할 수 있는 기회를 독자에게 주기 위한 목적이고 영어회화의 교습용은 아니다.

미국식 발음임을 참고하기 바란다.

1. 친구와 함께 공원에서
(at a park with a friend)

수   : 와우, 디스 이즈 어 뷰-티플 피쉬 폰드.
Sue : Wow, this is a beautiful fish pond.

루크 앳 도즈 피쉬 스쿨.
Look at those fish school.

데이 아 쏘우 빅그, 어바웃 어 풋 롱.
They are so big, about a foot long.

더 워터 룩쓰 크리어 앤 크린.

The water looks clear and clean.

룩크 앳 더 빅그 피쉬, 조우.

Look at the big fish, Joe.

더 피쉬 룩쓰 라이크 어 킹 투 리드

The fish looks like a king to lead

디 어더 피쉬스 메이킹 어 빅그 써클.

the other fishes making a big circle.

조우 : 렛쓰 워크 어라운드 더 파크 앤 씨 윗

Joe : Let's walk around the park and see what

모어 위 캔 파인드. 오, 씨 오버 데어,

more we can find. Oh, see over there,

수. 잇 룩쓰 라이크 어 스몰 주.

Sue. It looks like a small zoo.

데어 아 고웃쓰, 메니 디퍼런 버드즈,

There are goats, many different birds,

몽키즈, 앤 어더 애니멀즈.

monkeys, and other animals.

헤이, 수, 윗 타임 이즈 잇 나우?

Hey, Sue, what time is it now?

수 : 잇쓰 오버 원 어클럭, 조우.

Sue : It's over one o'clock, Joe.

조우 : 올레디, 수?

Joe : Already, Sue?

웰, 렛쓰 고우 백 투 월크.

Well, let's go back to work.

아이 게쓰 아우어 메니저 이즈 웨이팅 호 어스.

I guess our manager is waiting for us.

수　 : 노우, 아이 게쓰 히 이즈 낫 비커즈 히 쎄드

Sue : No, I guess he is not because he said

디스 모-닝 히 우드 해브 어 컨퍼런스

this morning he would have a conference

앳 썸웨어.

at somewhere.

조우 : 이즈 잇 투루, 수?

Joe : Is it true, Sue?

메이비 히 포갓 투 멘션 잇 투 미.

Maybe he forgot to mention it to me.

수　 : 아이 슈어리 게쓰 쏘우, 조우.

Sue : I surely guess so, Joe.

2. 친구와 높은 산을 오르며
(climbing a high mountain with a friend)

밥　　 : 헤이, 메리, 룩크 앳 도즈 버-닝

Bob　: Hey, Mary, look at those burning

메이플 투리즈 오버 데어.

maple trees over there.

데이 아 쏘 뷰티플. 해브 유 에버

They are so beautiful. Have you ever

씬 도즈 레드 메이플즈, 메리?

seen those red maples, Mary?

메리 　: 노우, 밥, 디스 이즈 퍼스트 타임 호 써치

Mary : No, Bob, this is first time for such

프리 원.

pretty one.

아이 싱크, 밥, 잇쓰 저스트 라잇 타임 오브 더

I think, Bob, it's just right time of the

씨즌 호 더 원더흘 뷰.

season for the wonderful view.

예스, 메리, 잇 이즈.

Yes, Mary, it is.

잇쓰 저스트 라잇 타임 라이크 유브

It's just right time like you've

저스트 쎄드.

just said.

밥, 위브 갓 투 크라임 압 데어, 벗

Bob, we've got to climb up there, but

하우 롱 두 유 싱크 잇 테이크스?

how long do you think it takes?

밥 : 웰, 잇스 콰잇 어 롱 디스턴스, 메리.

Bob : Well, it's quite a long distance, Mary.

아이 겟쓰 잇 테익스 어바웃 투 아우어즈.

I guess it takes about 2 hours.

메리 : 두 유 싱크 쏘우, 밥?

Mary : Do you think so, Bob?

밥　　: 야-, 아임 프리 슈어.

Bob　: Yah, I'm pretty sure.

오, 메리, 룩크 앳 더 우든 벤취

Oh, Mary, look at the wooden bench

오버 데어.

over there.

렛쓰 싯 다운 앤 레스트 호 어 와일.

Let's sit down and rest for a while.

메리, 위 우드 레스트 호 30 미닛쓰.

Mary, we would rest for 30 minutes.

나우 렛쓰 워크 압 데어.

Now let's walk up there.

잇스 베리 스리퍼리.

It's very slippery.

쏘우, 유브 갓 투 왓취 유어 에브리

So, you've got to watch your every

스텝. 나우, 위 아 온 더 써밋

step. Now, we are on the summit

오브 더 마운틴.

of the mountain.

라이크 아이 쎄드 잇 투크 어스 투 아우어즈.

Like I said it took us 2 hours.

투 겟 다운 투 더 풋 오브 디스

To get down to the foot of this

마운틴, 메이비 잇 테이크스 레스 댄

mountain, maybe it takes less than

원 아우어. 바이 더 웨이, 메리, 웟

one hour. By the way, Mary, what

우드 유 라이크 포 디너?

would you like for dinner?

메리 : 웰, 렛 씨. 윗 어바웃 스테이크?

Mary : Well, let's see. What about steak?

잇 싸운즈 굿 투 미!

It sounds good to me!

3. 꽃 축제장에서
(at the flowers festival)

필   : 하이, 제니, 하우 아 유 디스 모 - 닝?

Phill : Hi Jenny, how are you this morning?

제니   : 아임 파인. 쌩큐 앤 유, 필?

Jenny : I'm fine. Thank you and you, Phill?

필   : 아임 파인, 투. 잇쓰 굿 호 미 투 파인

Phill : I'm fine, too. It's good for me to find

유 히어 이지리.

you here easily.

하우 롱 해브 유 웨이티드 호 미

How long have you waited for me

히어, 제니?

here, Jenny?

제니   : 아이브 저스트 갓 히어, 필.

Jenny : I've just got here, Phill.

아임 해피 투 미트 유 호 디스 플라워

I'm happy to meet you for this flowers

페스티벌. 투데이 유 룩크 콰이트 어

festival. Today you look quite a

모어 핸썸.

more handsome.

필   : 두 유 리얼리 민 잇, 제니?

Phill   : Do you really mean it, Jenny?

아임 베리 해피 투 히어 댓.

I'm very happy to hear that.

제니 　: 필, 아 유 인터레스티드 인 에니

Jenny : Phill, are you interested in any

흘라우어?

flower?

필 　: 예스, 아이 라이크 도즈 레드 로지즈. 앤

Phill : Yes, I like those red roses, and

아이 두 라이크 이스페셜리 더 펄퓸 오브 더

I do like especially the perfume of the

로지즈, 위치 센즈 미 투 더 헤븐.

roses, which sends me to the heaven.

윗 어바웃 유, 제니?

What about you, Jenny?

제니 : 애즈 어 매터 오브 팩트, 예스, 더 로지즈
Jenny: As a matter of fact, yes, the roses

아 원 오브 더 베스트 댓 아이 라이크.
are one of the best that I like.

아이 해브 프랜티드 더 레드 원즈 인 마이
I have planted the red ones in my

가 - 든. 에브리 모 - 닝 데이 기브 미
garden. Every morning they give me

어 굿 휠링.
a good feeling.

쏘우, 로지즈 아 어 파트 오브 마이 라이프.
So, roses are a part of my life.

4. 인제 빙어 축제장에서
(at Injae Smelts Festival)

톰
Tom : 헤이, 프렌드, 마이 네임 이즈 톰.

Tom : Hey, friend, my name is Tom.

윗쓰 유어즈?

What's yours?

헨리
Henry : 헨리, 나이스 투 밋 유, 톰.

Henry : Henry, nice to meet you, Tom.

윗 해즈 메이드 유 컴 히어?

What has made you come here?

해브 유 논 디스 페스티벌?

Have you known this festival?

톰　　: 웰, 어 퓨 데이즈 어고우,

Tom　: Well, a few days ago,

티비 뉴즈 해브 숀 디스 원 앤 잇

TV news have shown this one and it

씸드 투 미 댓 아이 우드 라이크 잇 앤

seemed to me that I would like it and

댓 브롯 미 히어.

that brought me here.

룩크 앳 랏쓰 오브 해피 스마일링 피플.

Look at lots of happy smiling people.

데이 룩크 쏘우 해피 앤 해브 랏쓰

They look so happy and have lots

오브 훤.

of fun.

헨리　　: 슈어리, 데이 해브.

Henry : Surely, they have.

렛쓰 파인드 아웃 하우 앤 웨어 투 피쉬.

Let's find out how and where to fish.

룩크, 톰, 더 인포메이션 오버 데어.

Look, Tom, the information over there.

고우 오버 데어 앤 애스크.

Go over there and ask.

웨어 두 위 피쉬 앤 하우 두 위

Where do we fish and how do we

두 잇, 미스터?

do it, Mr.?

Information(안내소):

퍼스트 오브 올, 유 슈드 렌트 어 피슁

First of all, you should rent a fishing

홀 앤 피슁 툴즈 프롬 더 렌탈

hole and fishing tools from the rental

플레이스, 앤 테이크 텐 미닛 레슨 앤

place, and take 10 minute lesson and

덴 유 캔 해브 랏쓰 오브 펀,

then you can have lots of fun,

피슁 더 스멜쓰.

fishing the smelts.

톰　　: 헨리, 아이 씽크 아이브 갓 원!

Tom　　: Henry, I think I've got one!

헨리   : 아이 씽크 아이브 갓 원, 투, 톰.

Henry : I think I've got one, too, Tom.

디스 이즈 잇!

This is it!

잇쓰 콰이트 어 빅 원.

It's quite a big one.

톰   : 윗 우드 유 두 윗스 디즈 피쉬스,

Tom   : What would you do with these fishes,

헨리? 렛쓰 쿡 뎀 포 디너.

Henry? Let's cook them for dinner.

캔 유 두 댓?

Can you do that?

헨리   : 예, 아이 캔. 유 저스트 웨이트, 오케이!

Henry : Yeh, I can. You just wait, OK!

5. 한 스케이트장에서
(at a skate rink)

비키   : 헤이, 라빈,

Vicky : Hey, Robin,

윗 타임 해브 유 컴 투데이?

what time have you come today?

라빈   : 아이브 컴 어 퓨 미닛쓰 어고우.

Robin : I've come a few minutes ago.

해브 유 컴 스트레이트 프롬

Have you come straight from

유어 월크?

your work?

비키 : 예스, 애즈 어 매터 오브 팩, 아이 두.
Vicky : Yes, as a matter of fact, I do.

아이브 컴 투 쿨 마이 버-닝 브레인
I've come to cool my burning brain

코즈드 프롬 어 스페셜 프로젝.
caused from a special project.

라빈 : 윗 이즈 잇?
Robin : What is it?

윗스 더 스페셜 프로젝 댓
What's the special project that

코즈드 유어 브레인 투 번?
caused your brain to burn?

비키 : 라빈, 나우 아이 라이크 빙 프리 프롬 잇.

Vicky : Robin, now I like being free from it.

아일 텔 유 넥스트 타임.

I'll tell you next time.

이즈 잇 오케이 윗스 유?

Is it OK with you?

라빈 : 웰, 잇 마스트 비 썸씽.

Robin : Well, it must be something.

아이 우든 애스크 유 애니 모어

I wouldn't ask you any more

어바웃 잇.

about it.

비키　　 : 쌩큐. 나우 아이 라이크 투 엔조이
Vicky : Thank you. Now I like to enjoy

스케이팅 호 어 와일.
skating for a while.

라빈　　 : 유 벳, 비키.
Robin : You bet, Vicky.

6. 결혼식장에서
(at the wedding hall)

··· 밥 앤드 킴 아 인바이티드 ···

··· Bob and Kim are invited ···

킴　：밥, 쏘우 메니 피플 해브 올레디

Kim : Bob, so many people have already

컴 호 데어 웨딩.

come for their wedding.

더 데코레션즈 오브 디스 웨딩 홀 아

The decorations of this wedding hall are

쏘우 뷰티플 댓 아이 우드 테이크 애즈 메니

so beautiful that I would take as many

픽춰즈 온 더 데코레션즈 애즈 아이 쿠드.

pictures on the decorations as I could.

밥 ： 킴, 유어 고잉 투 매리 원스 모어?

Bob ： Kim, you're going to marry once more?

킴 ： 아 유 키딩?

Kim ： Are you kidding?

아이 저스트 원 투 리멤버 데어 웨딩.

I just want to remember their wedding.

밥 ： 킴, 비 콰이어트. 웨딩 매취 스타티드.

Bob ： Kim, be quiet. Wedding match started.

··· 콰이어트리 토킹 ···

··· Quietly talking ···

룩크 앳 더 뷰티플 브라이드, 제니!

Look at the beautiful bride, Jenny!

이즌 쉬 쏘우 프리?

Isn't she so pretty?

킴　: 예스, 쉬 룩쓰 라이크 어 스파크링 스타.
Kim : Yes, she looks like a sparkling star.

야, 룩쓰 라이크 언 에인젤.
Yah, looks like an angel.

더 브라이드그룸 이즈 베리 핸썸,
The bridegroom is very handsome,

도우. 아이 위쉬 데이 윌 비 해피 윗스
though. I wish they will be happy with

데어 굿 췰드런.
their good children.

밥　: 쏘우 두 아이. 킴, 두 유 노우 데어 에이지즈?
Bob : So do I. Kim, do you know their ages?

킴 : 저스트 룩 앳 더 웨딩 인비테이션

Kim : Just look at the wedding invitation

앤 덴 유 윌 파인 뎀.

and then you will find them.

밥 : 오, 히어 데이 아. 브라이드 이즈 25 앤

Bob : Oh, here they are. The bride is 25 and

쏘우 이즈 더 브라이드그룸. 데이 아 인 더

so is the bridegroom. They are in the

쎄임 에이지. 에니웨이 데이 아 인 더

same age. Anyway they are in the

영 에이지 오브 데어 라이브즈. 아이 위쉬 아이

young age of their lives. I wish I

쿠드 고우 백 투 마이 영 에이지.

could go back to my young age.

킴　：유 아 드리밍, 밥.

Kim : You are dreaming, Bob.

잇스 언 언리어리스틱 드림.

It's an unrealistic dream.

노 원 쿠드 고우 백.

No one could go back.

이븐 위스 더 타임 머쉰 잇스

Even with the time machine it's

임파씨블 투 고우 백.

impossible to go back.

에니웨이 잇스 더 모스트 뷰티플 웨딩.

Anyway it's the most beautiful wedding.

7. 고교 졸업식장에서
(at the highschool graduation hall)

릭 : 하우 메니 스튜던츠 윌 그래주에이트

Rick : How many students will graduate

투데이, 짐?

today, Jim?

짐 : 아이 게쓰 모어 댄 투 헌드레드.

Jim : I guess more than 200.

데이 아 낫 올 어드밴스트 투 더

They are not all advanced to the

칼리지즈 아 데이?

colleges, are they?

릭   : 노우, 데이 아 낫.

Rick : No, they are not.

프로버블리 25% 오브 뎀 윌.

Probably 25% of them will.

썸 윌 고우 투 하바드.

Some will go to Harvard.

썸 윌 고우 투 예일. 아임 프리 슈어

Some will go to Yale. I'm pretty sure

썸 윌 고우 투 스탠포드. 아이 허드 댓 쎄븐

some will go to Stanford. I heard that 7

가이즈 우드 고우 투 버클리. 더 레스트 오브

guys would go to Berkely. The rest of

뎀 윌 고우 투 더 튜레이드 스쿨즈.

them will go to the trade schools.

짐   : 썸 어너 스튜던쓰 아 빙 콜드 :

Jim : Some honor students are being called :

킴, 존, 바비.

Kim, John, Barbie.

릭   : 디 어너 스튜던쓰, 데이 아 러키.

Rick : The honor students, they are lucky.

데이 올 리씨브드 어 뷰티플 부케

They all received a beautiful bouquet

포 이치.

for each.

짐, 윗 어바웃 유어 썬, 빌?

Jim, what about your son, Bill?

데이 쎄드 빌 리씨브드 어 패쓰 노티스

They said Bill received a pass notice

프롬 하바드 래스트 먼스. 이즈 댓 라잇?

from Harvard last month. Is that right?

아이 노우 히 이즈 스마트.

I know he is smart.

쏘우 히 우드 디저브 잇.

So he would deserve it.

집　: 예스, 히 리씨브드 잇 앤

Jim : Yes, he received it and

히 올쏘우 갓 원 프롬 예일 애즈 웰.

he also got one from Yale as well.

애즈 퐐 애즈 아이 노우, 히 디든 메이크 앞

As far as I know, he didn't make up

히즈 마인드 위치 원 히 라이크스 투 고우.

his mind which one he likes to go.

웰, 이벤추얼리 히 윌 디싸이드 호

Well, eventually he will decide for

히즈 라이프.

his life.

10 장

낭독
(Reading aloud)

ㄷ ㄹ ㅂ ㅅ ㅈ ㅍ

낭독의 경우에도 '새 한글 6자'의 활용이 발음상 얼마나 도움이 되는지 확인하기 위하여 자작 이야기와 몇 개의 발췌문을 실어 본다.

역시 미국식 발음임을 참고하기 바란다.

1. 어제 밤의 꿈 이야기
(about the last night dream)

I was taking a stroll at a park. The park was
아이 워즈 테이킹 어 스트롤 앳 어 파크. 더 파크 워즈

quite a huge one.
콰이트 어 휴즈 원.

Not many people were in there. There were
낫 메니 피플 워 인 데어. 데어 워

many natural trails here and there.
메니 내춰럴 트레일즈 히어 앤 데어.

The big pine trees, oak trees, maples, and
더 빅 파인 투리즈, 오크 투리즈, 메이플즈, 앤

brushes were packed very densely.
브러쉬스 워 팩트 베리 덴스리.

It seemed hard to get in.
잇 씸드 하드 투 겟 인.

I made up my mind to walk through a small
아이 메이드 압 마이 마인드 투 워크 스루 어 스몰

trail to see more of different natural things.
트레일 투 씨 모어 오브 디퍼런 내춰럴 씽즈.

Like I imagined, so many things come to my
라이크 아이 이매진드, 쏘우 메니 씽즈 컴 투 마이

sight.
싸이트.

When I was walking about 15 minutes
웬 아이 워즈 워킹 어바웃 ㅍㅣㅍ틴 미닛츠

through the trail, I heard some noise of
스루 더 트레일, 아이 허드 썸 노이ㅈ 오ㅂ

something moving, and I would hold my
썸씽 무빙, 앤 아이 우드 홀드 마이

breath and listen to it quietly, and then saw
브ㄹㅔ스 앤 리쓴 투 잇 콰이어트리, 앤 덴 써

a pure white horse coming to me and the
어 퓨어 와이트 홀스 커밍 투 미 앤 더

horse stopped in front of me.
홀스 스톱트 인 ㅍ런트 오ㅂ 미.

And then she started nodding her head
앤 덴 쉬 스타티드 노딩 허 해드

vertically and walked toward my left in
버틱컬리 앤 워크트 투워드 마이 레프트 인

several steps in front of me and stopped and
쎄브럴 스텦쓰 인 프런 오브 미 앤 스톱트 앤

again started nodding.
어게인 스타티드 노딩.

It looked like a good position that I could
잇 루크트 라이크 어 굿 포지션 댓 아이 쿠드

ride on her back. So I would ride on her back,
라이드 온 허 백. 쏘우 아이 우드 라이드 온 허 백,

and then she walked slowly.
앤 덴 쉬 워크트 스로리.

A little later her wings started growing on
어 리틀 레이터 허 윙즈 스타티드 그로잉 온

her right and left shoulders and moving the
허 라이트 앤 레프트 숄더즈 앤 무빙 더

wings and started flying into sky.
윙즈 앤 스타티드 플라잉 인투 스카이.

At that moment I woke up.
앳 댓 모먼트 아이 워크 엎.

What a good feeling dream it was!
윗 어 굿 필링 드림 잇 워즈!

I don't know what the dream means, but my
아이 던 노우 윗 더 드림 민즈, 벗 마이

feeling was very wonderful.
필링 워즈 베리 원더흘.

2. 서울 소개 (about Seoul)

Seoul is one of the biggest cities in the world.
서울 이즈 원 오브 더 빅기스트 씨티즈 인 더 월드.

Her population is about 10 millions, one of the
허 펍플레션 이즈 어바웃 텐 밀리온즈, 원 오브 더

most populated cities. Han River divides into
모스트 펍플레이티드 씨티즈. 한 리버 디바이드즈 인투

two parts of the city, the northern part of the
투 팟스 오브 더 씨티, 더 노던 파트 오브 더

river and the southern part of it.
리버 앤 더 써던 파트 오브 잇.

The southern part is called Gangnam, which is
더 써던 파트 이즈 콜드 강남, 위치 이즈

rich region of the city, more modern part.
리치 리전 오브 더 씨티, 모어 모던 파트.

The northern part is less modernized.
더 노던 파트 이즈 레스 모던나이즈드.

The Blue House in which the President of the
더 불루 하우스 인 위치 프레시덴트 오브 더

Republic of Korea, Park Geun-Hae, lives now,
리퍼브릭 오브 코리어, 박 근 헤 리브즈 나우,

is in the northern part of Seoul City.
이즈 인 더 노던 파트 오브 서울 씨티.

This city is historical one, which had been the
디스 씨티 이즈 히스토릭컬 원, 위치 해드 빈 더

capital city of the Lee Dynasty for near
캐피털 씨티 오브 더 리 다이너스티 포 니어

600 years. The city has 4 palaces, Kyungbok
600 이어즈. 더 씨티 해즈 호 패리시즈, 경복

Palace, Changkyung Palace, Changduk Palace
패리스, 창경 패리스, 창덕 패리스

and Duksoo Palace.
앤 덕수 패리스.

The Seoul City has been maintaining them well.
더 서울 씨티 해즈 빈 메인테이닝 뎀 웰.

The styles of their architectures are of old
더 스타일즈 오브 데어 아키텍췰즈 아 오브 올드

fashion. Those palaces are so colorful, beautiful,
패션. 도즈 패리시즈 아 쏘우 칼러플, 뷰티플,

and traditional.
앤 트레디셔널.

You shouldn't miss them. In Seoul there are
유 슈든 미스 뎀. 인 서울 데어 아

so many restaurants, in which you can enjoy
쏘우 메니 레스트랑츠, 인 위치 유 캔 엔조이

every bit of good foods.
에브리 빗 오브 굿 후즈.

You can find the oriental style, the western
유 캔 퐈인 더 오리엔털 스타일, 더 웨스턴

style, even Indian style of food.
스타일, 이븐 인디안 스타일 오브 후드.

There are many small or big hotels, and
데어 아 메니 스몰 오어 빅 호텔즈, 앤

motels. So you have no problem about the
모텔즈. 쏘우 유 해브 노우 프러브럼 어바웃 더

food and where to stay in.

푸드 앤 웨어 투 스테이 인.

One thing I forgot is the kindness of Seoul

원 씽 아이 포갓 이즈 더 카인니스 오브 서울

citizens. They are all of full kindness.

씨티즌즈. 데이 아 올 오브 풀 카인니스.

3. 한글에 대하여
(about Hangeul, Korean Alphabets)

Korean alphabets are called 'Hangeul',
코리언 알파벳츠 아 콜드 '한글',

which were created by the Great King Sejong
위치 워 크리에이티드 바이 더 그레이트 킹 세종

in 1443. Then 'Hangeul' were called
인 1443. 덴 '한글' 워 콜드

"Hunminjungeum", which meant the
"훈민정음", 위치 멘트 더

characters or letters for the people, the low
캐릭터즈 오어 레터즈 호 더 피플, 더 로우

social class of people not knowing the chinese
쏘셜 클래스 오브 피플 낫 노우잉 더 차이니즈

characters called 'Hanja'.
캐릭터즈 콜드 '한자'.

The king was well aware of such illiterate
더 킹 워즈 웰 어웨어 오브 써치 일리터레이트

people who had all the problem to write and
피플 후 해드 올 더 프러브럼 투 롸이트 앤

read the Chinese letters. So the king took a
리드 더 차이니즈 레터즈. 쏘우 더 킹 툭크 어

full pity on them called 'Baekseong'.
풀 피티 온 뎀 콜드 '백성'.

"Hunminjungeum" were composed of 28
"훈민정음" 워 컴포즈드 오브 28

characters.
캐릭터즈.

For over 570 years' course improving the
호 오버 570 이어즈 코스 임프루빙 더

"hunminjungeum" of 28 letters, 4 characters
"훈민정음" 오브 28 레터즈, 4 캐릭터즈

of them were excluded and 24 characters are
오브 뎀 워 익스크루디드 앤 24 캐릭터즈 아

now in use. With these letters we can express
나우 인 유즈. 윗스 디즈 레터즈 위 캔 익스프레스

whatever we want.
윗에버 위 원트.

Our 'Hangeul' are the voice letters in
아우어 '한글' 아 더 보이스 레터즈 인

comparison with the Chinese characters,
컴패리슨 윗스 더 차이니즈 캐릭터즈,

the pictographic letters.
더 픽토그래픽 레터즈.

A whole syllable of 'Hangeul' is composed
어 홀 실러블 오브 '한글' 이즈 컴포즈드

of two or three phonemes like 'ga'(가), or
오브 투 오어 스리 포님즈 라이크 '가'(ga), 오어

'gim'(김). English has only 5 vowel letters,
'김'(gim). 잉그리쉬 해즈 온리 5 바울 레터즈,

but 'Hangeul' has 10 vowel letters.
벗 '한글' 해즈 10 바울 레터즈.

'Hangeul' can be written vertically like
'한글' 캔 비 뤼튼 버티칼리 라이크

'gom'(곰), 'choong'(충) and horizontally like
'곰'(gom), '충'(choong) 앤 허리존탈리 라이크

'ga'(가), or 'ja'(자).
'가'(ga), 오어 '자'(ja).

Just like those full letters, 'Hangeul' are
저스트 라이크 도즈 풀 레터즈, '한글' 아

written as voice is produced.
뤼튼 애즈 보이스 이즈 프로듀스트.

That's why you don't have to remember any
댓쓰 와이 유 던 해브 투 리멤버 에니

Korean word as you do remember each
코리언 워드 애즈 유 두 리멤버 이치

English word. You just memorize 24 'Hangeul'
잉그리쉬 워드. 유 저스트 메모라이즈 24 '한글'

letters and how to write a whole syllable word.
레터즈 앤 하우 투 롸이트 어 홀 실러블 월드.

새 한글, 정확한 영어발음을 위한 새 글자

That's all you have to do.
댓쓰 올 유 해브 투 두.

The Great King said then a smart person
더 그레이트 킹 쎄드 덴 어 스마트 펄슨

could learn 28 letters for a few hours and
쿠드 런 28 레터즈 포 어 퓨 아우어즈 앤

even anyone with the low IQ could learn them
이븐 에니원 위스 더 로우 아이큐 쿠드 런 뎀

for a few days.
포 어 퓨 데이즈.

So easy to memorize and so easy to write
쏘우 이지 투 메모라이즈 앤 쏘우 이지 투 롸이트

them. That's why we call Hangeul 'the great
뎀. 댓쓰 와이 위 콜 한글 '더 그레이트

letters' in the world.

레터즈' 인 더 월드.

We are very proud of them and we are so

위 아 베리 프라우드 오브 뎀 앤 위 아 쏘우

proud of the Great King Sejong.

프라우드 오브 더 그레이트 킹 세종.

4. 박근혜 대통령 미국 상·하원 합동 연설문 전문 – 일부

ADDRESS TO THE JOINT MEETING OF THE
애드레스 투 더 조인트 미팅 오브 더

UNITED STATES CONGRESS BY HER
유나이티드 스테잇쓰 컹그레스 바이 허

EXCELLENCY, PARK GEUN-HYE, THE
엑세런시, 박 근 혜, 더

PRESIDENT OF THE REPUBLIC OF KOREA
프레시던트 오브 더 리퍼브릭 오브 코리어

Our economic partnership must also aim
아우어 이커나믹 파트너쉽 마스트 올소우 에임

higher and reach further into the future.
하이어 앤 리취 펄더 인투 더 퓨춰.

President Obama has outlined the Startup
프레시던트 오바마 해즈 아웃라인드 더 스타압

America Initiative.
어메리카 이니셔티브.

Together with my strategy for a creative
투게더 위스 마이 스트레티지 호 어 크리에이티브

economy, we can advance toward a common
이커나미, 위 캔 어드벤스 투워드 어 컴먼

goal-to help channel the innovative ideas, the
골-투 헬프 챈넬 더 이노베이티브 아이디어즈, 더

passion, and the drive of our youths towards a
패션, 앤 더 드라이브 오브 아우어 유스스 투워즈 어

brighter future.
브라이터 퓨춰.

Koreans and Americans are partnering in
코리언즈 앤 어메리컨즈 아 파트너링 인

new ways whether at world‑tours of Korean
뉴 웨이즈 웨더 앳 월드‑투어즈 오브 코리언

pop‑stars for Hollywood films or at
팝 스타즈 호 헐리우드 피름즈 오어 앳

reconstruction sites in the Middle East.
리컨스트럭션 싸잇쓰 인 더 미들 이스트.

Together, we can envision a future that is
투게더, 위 캔 인비전 어 퓨춰 댓 이즈

richer, that is safer, and that is happier.
리춰, 댓 이즈 쎄이퍼, 앤 댓 이즈 해피어.

Our chorus of freedom and peace, of future
아우어 코러스 오브 프리덤 앤 피스, 오브 퓨춰

and hope, has not ceased to resonate over the

앤 호프, 해즈 낫 씨스트 투 리조네이트 오버 더

last 60 years and will not cease to go on.

래스트 60 이어즈 앤 윌 낫 씨스 투 고우 온.

Thank you very much.

쌩큐 베리 마취.

4. 박근혜 대통령 미국 상·하원 합동 연설문 – 일부

한국과 미국의 경제협력도 이제는 한 단계 더 높고, 미래지향적인 단계로 나가야 합니다.

오바마 대통령께서 제시한 Startup America Initiative, 대한민국의 창조경제 국정전략은 한국과 미국의 젊은이들이 새로운 아이디어, 뜨거운 열정과 도전으로 밝은 미래를 개척해 갈 디딤돌이 될 것입니다.

지금도 한미 양국은 K – POP 가수의 월드투어에서, 할리우드 영화에서, 중동의 재건현장에서 함께 뛰고 있습니다.

한국과 미국이 함께하는 미래는 삶을 더 풍요롭게, 지구를 더 안전하게, 인류를 더 행복하게 만들 것이라고 확신합니다.

한미 양국과 지구촌의 자유와 평화, 미래와 희망을 향한 우정의 합창은 지난 60년간 쉽 없이 울려 퍼졌고, 앞으로도 멈추지 않을 것입니다.

감사합니다.

5. CNN 뉴스

CHICAGO … The surgeon general's latest
쉬카고(발)   …   더 써전 제너럴즈 레이티스트

smoking report warns unless current tobacco
스모킹 리포트 원즈 언레스 커런트 토백코

use rates fall, another 5.6 million U.S. kids
유즈 레잇쓰 펄, 어나더 5.6 밀리온 유에스 키즈

might die prematurely.
마잇 다이 프리매춰리.

The report, the first in more than a decade,
더 리포트, 더 퍼스트 인 모어 댄 어 디케이드,

found that smoking has killed more than
파운드 댓 스모킹 해즈 킬드 모어 댄

20 million Americans prematurely in the
20 밀리온 어메리컨즈 프리매춰리 인 더

last half century.
래스트 해프 쎈추리.

Smoking : "A health hazard of sufficient
스모킹　　: "어 헬스 해저드 오브 써피션트

importance"
임포턴스."

Smoking causes more deaths each year than
스모킹 코지즈 모어 데스 이치 이어 댄

HIV, illegal drug use, alcohol use, motor
HIV, 일리걸 드러그 유즈, 앨콜 유즈, 모터

vehicle injuries and firearm - related incidents
비히클 인저리즈 앤 퐈어암 - 리레티드 인씨던쓰

combined, according to the Centers for
컴바인드, 어코딩 투 더 쎈터즈 호

Disease Control and Prevention.
디지즈 콘추롤 앤 프리벤션.

"Enough is enough," acting Surgeon General
"이너후 이즈 이너후," 액팅 써전 제너럴

Dr. Boris Lushniak said in a telephone
닥터 보리스 루쉬니악 쎄드 인 어 텔레혼

interview.
인터뷰.

"We need to eliminate the use of cigarettes
"위 니드 투 일리미네이트 더 유즈 오브 씨가렛쓰

and create a tobacco - free generation."
앤 크리에이트 어 토백코 - 프리 제너레이션."

Health risks from smoking include stroke,
핼스 리스크스 프롬 스모킹 인크루드 스트록,

heart attacks, heart disease, emphysema,
하트 어택크스, 하트 디지즈, 엠피시마,

COPD, bronchitis, cancer (including of the
COPD, 브롱카이티스, 캔서(인크루딩 오브 더

lungs, mouth, nose, throat, esophagus, larynx,
렁즈, 마우스, 노우즈, 스로트, 이사패거스, 라링크스,

cervix, kidneys, pancreas and stomach),
써빅스, 키드니즈, 팬크리어스 앤 스토마크),

decreased fertility, premature delivery,
디크리스트 퍼틸리티, 프리머춰 딜리버리,

stillbirth, sudden infant death syndrome, bone
스틸버스, 써든 인펀트 데스 씬드롬, 본

loss, gum disease and cataracts.
로스, 검 디지즈 앤 캐터랙쓰.

Smoking remains the leading cause of
스모킹 리메인즈 더 리딩 코즈 오브

preventable death in the United States.
프리벤터블 데스 인 더 유나티드 스테이쓰.

"Most smokers really do want to quit smoking.
"모스트 스모커즈 리얼리 두 원 투 퀴트 스모킹.

It's never done on the first try and what I
잇스 네버 던 온 더 퍼스트 추라이 앤 웟 아이

want to do is entice people who have tried
원 투 두 이즈 엔타이스 피플 후 해브 트라이드

before who have failed, maybe I'll provide that
비포 후 해브 페일드, 메이비 아일 프로바이드 댓

scientific information, that brand new disease

싸이언티픽 인포메이션, 댓 브랜드 뉴 디지즈

that touches them," Lushniak told CBS News

댓 터취스 뎀," 루쉬니악 톨 CBS 뉴즈

chief medical correspondent Dr. Jon LaPook.

취프 메디컬 코레스폰던트 닥터. 존 라푹.

In Friday's new report … which was released

인 프라이데이즈 뉴 리포트 … 위치 워즈 릴리스트

about 50 years after the first surgeon

어바웃 50 이어즈 애프터 더 퍼스트 써전

general's report declared smoking a human

제너럴즈 리포트 디클레어드 스모킹 어 휴먼

health hazard … liver and colorectal cancers,

헬스 해저드 … 리버 앤 컬라렉털 캔서즈,

diabetes, rheumatoid arthritis and even

다이아베티즈, 류매토이드 아스라이티스 앤 이븐

erectile dysfunction joined the list of smoking

이렉타일 디스헝션 조인드 더 리스트 오브 스모킹

- related diseases.
- 리레이티드 디지지즈.

6. 한라산에 대하여 (about Mount Halla)

Hallasan(means Mount Halla) stands out at
한라산(민즈 마운트 할라) 스탠즈 아웃 앳

the center of South Korea's southernmost
더 쎈터 오브 사우스 코리어즈 써던모스트

island, boasting exquisite landscapes due
아일런드, 보스팅 엑스큐지트 랜스케이프스 듀

to its varied volcanic topography and
투 잇쓰 베어리드 볼캐닉 토퍼그래피 앤

vegetation distribution ranging vertically
베지테이션 디스트리뷰션 레인징 버티컬리

through the subtropical, temperate, frigid and
스루 더 써브트러피컬, 템퍼리트, 프리지드 앤

alpine zones.
앨파인 존즈.

The special nature of this area led to its being
더 스페시얼 네이춰 오브 디스 에리어 레드 투 잇쓰 빙

designated and managed as a national park in
데지그네이티드 앤 매니지드 애즈 어 네셔널 파크 인

1970, a UNESCO Biosphere Reserve, in 2002
1970, 어 유네스코 바이오스피어 리저브 인 2002,

a World Natural Heritage Site in 2007.
어 월드 내춰럴 헤리티지 싸이트 인 2007.

Muljangori Oreum registered as a Ramsar
물장오리 오름 레지스터드 애즈 어 람사

Wetland in 2008. Hallasan is one of Korea's
웨트랜드 인 2008. 할라산 이즈 원 오브 코리어즈

three most sacred mountains located on the
스리 모스트 쎄이크리드 마운틴즈 로케이티드 온 더

southernmost island of the Korean Peninsula.
써던모스트 아일런드 오브 더 코리언 페닌슐라.

It rises 1,950m above sea level, making it the
잇 라이즈 1,950m 어바브 씨 레블, 메이킹 잇 더

tallest mountain in South Korea.
톨리스트 마운틴 인 싸우스 코리어.

Due to its diverse vegetation it has special
듀 투 잇쓰 다이버스 베지테이션 잇 해즈 스페시얼

scientific importance as a treasure house of
싸이언티픽 임포턴스 애즈 어 트레저 하우스 오브

plants, and was therefore designated as a
프랜쓰, 앤 워즈 데어호 데지그네이티드 애즈 어

natural monument (No. 182) on October 12th,
내춰럴 모뉴먼트 (No. 182) 온 옥토버 12스,

1966, and officially named the Hallasan
1966, 앤 오피셜리 네임드 더 할라산

Natural Conservation Area.
내춰럴 컨써베이션 에리어.

A young volcanic mountain of the fourth
어 영 볼캐닉 마운틴 오브 더 포스,

Cenozoic era, Hallasan was an active volcano
씨노조익 에라, 할라산 워즈 언 액티브 볼캐노우

until about 25,000 years ago, resulting in over
언틸 어바웃 25,000 이어즈 어고우, 리절팅 인 오버

360 oreums (parasitic cone volcanoes) which
360 오름 (패러시틱 콘 볼케이노우즈) 위치

form a spectacular landscape.
홈 어 스펙택큘러 랜스케이프.

Nestled in the middle of an island, Hallasan
네쓸드 인 더 미들 오브 언 아일런드, 할라산

looks both inviting and majestic.
룩쓰 보스 인바이팅 앤 매제스틱.

The ever - changing colors of the scenery
더 에버-체인징 컬러즈 오브 더 씬너리

evoke a sense of wonder in all those who seek
이보크 어 쎈스 오브 원더 인 올 도즈 후 씩

the beauty of nature, and this is why the
더 뷰티 오브 네이춰, 앤 디스 이즈 와이 디

area was designated a national park on March
에리어 워즈 데지그네이티드 어 내셔널 파크 온 마취

24th 1970, and a UNESCO 'Biosphere Reserve'

24스 1970, 앤 어 유네스코 '바이오스피어 리저브'

in December 2002.

인 디쎔버 2002.

새 한글,정확한 영어발음을 위한 새 글자

새 한글 제정의 당위성

세종대왕이 한글 창제한 지 570여년이 지났고, 지금은 세계 각 국의 인접(adjacency) 속도가 날로 증가하는 그로벌(global) 시대 이며, 영어 사용 빈도는 점점 증가 추세이고, 유창한 영어 구사자 의 수요는 날로 증가하고, 또한 영어가 유창해야 여러 분야에서 국 제 경쟁력이 확보되는 불가피한 세계적 경쟁 환경에서 정확한 영어 발음에 확실히 도움 주는 "새 한글 제정"이 절실히 요구되는 시점 에 서 있다고 본다. 따라서 그 제정의 당위성"이 명백함은 부인하 기 어렵다.

부록의 특이 발음 사용 확률 표와 해설에서 보는 바와 같이 우 리 소리에도 없고 우리 표기법에도 없는 특이 영어 발음(r, ð, z, f, v, θ) 6자의 총 사용 빈도는 35.3%이다. 이는 쉽게 말해서 영어 10단어를 말하면 보통 3단어는 특이 발음을 말한다는 의미이다. 이는 또한 달리 표현하면 10중의 3은 틀린 발음을 할 수 있다는 의미이기도 하다.

그렇지만 이 책 내용의 전부가 상세히 설명하듯이 새 한글 (ㄷ, ㄹ, ㅂ, ㅅ, ㅈ, ㅍ)을 사용하면 그런 틀린 발음을 말끔히 해소 할 수 있어 그의 실용성이 확실히 입증됨을 보여준다.

따라서 '새 한글의 실용성'은 곧 "새 한글 제정의 당위성"이 입증
된다는 귀결에 이른다. 또한 "새 한글 제정"은 국가 만년 대계를 위
한 국운의 대 요청이다.

부록

1. 특이 발음 사용 확률 표

발음 기호	사용빈도 / 총 사용 단어 수	%
r	284 / 3384	8.4
th(ð)	257 / 3384	7.6
z	246 / 3384	7.3
f	220 / 3384	6.5
v	124 / 3384	3.7
th(θ)	61 / 3384	1.8
total	1192 / 3384	35.3

해설 …

8장에서 10장(포함)까지 사용한 총 단어 수는 3384이고, 이 중에 **r** 발음의 단어 수는 284에 개연율은 8.4%이며, **ð** 발음의 단어 수는 257에 개연율은 7.6%이고, **z** 발음의 단어 수는 246에 개연율은 7.3%이며, **f** 발음의 단어 수는 220에 개연율은 6.5%이고, **v** 발음의 단어 수는 124에 개연율은 3.7%이며, **θ** 발음의 단어 수는 61에 개연율은 1.8%임을 의미한다.

위의 각 발음의 **개연율**은 한국인(발음 학습이 충분히 되지 않았을 경우)의 **오(틀린)발음**을 할 수 있는 개연성을 의미하고, 총 개연율 35.3%는 8장에서 10장까지의 **내용물**을 실행할 때 바른 발음을 하지 못하는 총 개연성을 의미한다. 이는 '새 한글 6자'의 실용성을 명확하게 입증하는 **자료**이다.

2. 훈민정음(정인지 서문 일부)

理而已。理既不二。則何得不與天
地鬼神同其用也。正音二十八字。
各象其形而制之。初聲凡十七字。
牙音ㄱ象舌根閉喉之形。舌音ㄴ
象舌附上腭之形。唇音ㅁ象口形。
齒音ㅅ象齒形。喉音ㅇ象喉形。ㅋ
比ㄱ聲出稍厲。故加畫。ㄴ而ㄷㄷ
而ㅌㅁ而ㅂㅂ而ㅍㅅ而ㅈㅈ而

ㄷ ㅇ 而 ㅁ ㅇ 而 ㆆ 其 因 聲 加 畫 之
義 皆 同 而 唯 ㅇ 爲 異 半 舌 音 ㄹ 半
齒 音 △ 亦 象 舌 齒 之 形 而 異 其 體
無 加 畫 之 義 焉 夫 人 之 有 聲 本 於
五 行 故 合 諸 四 時 而 不 悖 叶 之 五
音 而 不 戾 喉 邃 而 潤 水 也 聲 虛 而
通 如 水 之 虛 明 而 流 通 也 於 時 爲
冬 於 音 爲 羽 牙 錯 而 長 木 也 聲 似

濁而言之ㄱㄷㅂㅈㅅㆆ為全清

ㅋㅌㅍㅊㅎ為次清ㄲㄸㅃㅉㅆ

ㆅ為全濁ㆁㄴㅁㅇㄹ△為不清

不濁。ㄴㅁㅇ其聲冣不屬。故次序

雖在於後。而象形制字則為之始。

ㅅㅈ雖皆為全清。而ㅅ比ㅈ聲不

屬。故亦為制字之始。唯牙之ㆁ。雖

舌根閉喉聲氣出鼻。而其聲與ㅇ

相似。故韻書疑與喻多相混用。今
亦取象於喉。而不爲牙音制字之
始。蓋喉屬水而牙屬木。ㆁ雖在牙
而與ㅇ相似。猶木之萌芽生於水
而柔軟。尙多水氣也。ㄱ木之成質。
ㅋ木之盛長。ㄲ木之老壯。故至此
乃皆取象於牙也。全清並書則爲
全濁。以其全清之聲凝則爲全濁

也。唯喉音次清爲全濁者。蓋以ㅎ

聲深不爲之凝。ㅎ比ㆆ聲淺。故凝

而爲全濁也。○連書唇音之下則

爲唇輕音者。以輕音唇乍合而喉

聲多也。中聲凡十一字。・舌縮而

聲深。天開於子也。形之圓。象乎天

也。一舌小縮而聲不深不淺。地闢

於丑也。形之平。象乎地也。一舌不

3. American Proverbs 100

A

1. Absence makes the heart grow fonder.

2. Actions speak louder than words.

3. After the feast comes the reckoning.

4. All that glitters is not gold.

5. An apple a day keeps the doctor away.

6. The apple doesn't fall far from the tree.

B

7. Bad news travels fast.

8. Barking dogs seldom bite.

9. Beauty is in the eyes of the beholder.

10. Beggars can't be choosers.

11. The best things in life are free.

12. Better a live coward than a dead hero.

13. Better late than never.

14. Better safe than sorry.

15. The bigger they are, the harder they fall.

16. A bird in the hand is worth two in the bush.

17. Birds of a feather flock together.

18. Blood is thicker than water.

C

19. Charity begins at home.

20. Clothes do not make the man.

21. Curiosity killed the cat.

D

22. Do as I say, not as I do.

23. Don't bite off more than you can chew.

24. Don't bite the hand that feeds you.

25. Don't count your chickens before they're hatched.

26. Don't cry over spilled milk.

27. Don't judge a book by its cover.

28. Don't judge a man until you've walked in his boots.

29. Don't look a gift horse in the mouth.

30. Don't put all your eggs in one basket.

31. Don't put off for tomorrow what you can do today.

32. Don't put the cart before the horse.

F

33. Familiarity breeds contempt.

34. The first step is always the hardest.

35. A fool and his money are soon parted.

36. Forewarned is forearmed.

37. A friend in need is a friend indeed.

38. A friend who shares is a friend who cares.

G

39. Good things come in small packages.

40. The grass is always greener on the other side of the fence.

H

41. Haste makes waste.

42. He who hesitates is lost.

43. He who laughs last, laughs best.

44. Hindsight is better than foresight.

I

45. If at first you don't succeed, try, try again.

46. If you can't beat them, join them.

47. If you can't stand the heat, get out of the kitchen.

48. Imitation is the sincerest form of flattery.

49. In unity there is strength.

50. It never rains but it pours.

51. It takes two to tango.

L

52. Leave well enough alone.

53. A leopard cannot change its spots.

54. Lightning never strikes twice in the same place.

55. Look before you leap.

56. Love is blind.

57. Love makes the world go round.

M

58. Make hay while the sun shines.

59. Man does not live by bread alone.

60. A man is known by the company he keeps.

61. Might makes right.

62. Misery loves company.

63. A miss is as good as a mile.

64. Money does not grow on trees.

N

65. Necessity is the mother of invention.

66. No news is good news.

67. No pain, no gain.

68. Nothing hurts like the truth.

69. Nothing ventured, nothing gained.

O

70. Old habits die hard.

71. One good turn deserves another.

72. One man's gravy is another man's poison.

73. One swallow does not a summer make.

P

74. The pen is mightier than the sword.

75. Possession is nine – tenths of the law.

76. Practice makes perfect.

77. The proof of the pudding is in the eating.

R

78. The road to hell is paved with good intentions.

79. Rome wasn't built in a day.

S

80. The spirit is willing, but the flesh is weak.

81. The squeaking wheel gets the oil.

82. Strike while the iron is hot.

T

83. There is no honor among thieves.

84. There's more than one way to skin a cat.

85. There's no fool like an old fool.

86. There's no place like home.

87. Too many chiefs, not enough Indians.

88. Too many cooks spoil the broth.

89. Two heads are better than one.

90. Two's company, but three's a crowd.

V

91. Variety is the spice of life.

W

92. The way to a man's heart is through his stomach.
93. When in Rome, do as the Romans do.
94. When the cat's away, the mice play.
95. Where there's smoke, there's fire.

Y

96. You can lead a horse to water, but you can't make him drink.
97. You can't have your cake and eat it too.
98. You can't teach an old dog new tricks.
99. You have to take the good with the bad.
100. You're never too old to learn.

참고자료 :

* 문교부가 제정 고시한 '외래어 표기법'(1986.1.7)

* 문교부가 제정 고시한 '표준어 규정'과 '한글 맞춤법'(1988.1.19)

* 광광부에서 제정 고시한 '국어의 로마자 표기법'

* 엘리트영한사전/시사영어사

참고문헌 :

훈민정음 창제와 연구사 / 2010 / 도서출판 경진 / 강신항

한글의 탄생 / 2011 / 돌베개 / 노마 히데키

한글박물관 / 2011 / 성인당 / 박창원

21세기 한국어 정책과 국가 경쟁력 / 2011 / 소통 / 김희숙

한글 역사 연구 / 2009 / 한국문화사 / 김이종

우리말 연구사 / 2009 / 태학사 / 김석득

민족어의 수호와 발전 / 2008 / 제이엔씨 / 고영근

초판 1쇄 인쇄일 2014년 06월 12일
초판 1쇄 발행일 2014년 06월 17일

지은이 이기수
펴낸이 김양수
편집디자인 맑은샘

펴낸곳 📖 도서출판 맑은샘
출판등록 제2012-000035
주소 경기도 고양시 일산서구 중앙로 1456 604호(주엽동 18-2)
대표전화 031.906.5006 팩스 031.906.5079
이메일 okbook1234@naver.com
홈페이지 www.booksam.co.kr

ISBN 978-89-98374-66-2 (03700)

「이 도서의 국립중앙도서관 출판시도서목록(CIP)은 서지정보유통지원
시스템 홈페이지(http://seoji.nl.go.kr)와 국가자료공동목록시스템
(http://www.nl.go.kr/kolisnet)에서 이용하실 수 있습니다.(CIP
제어번호: CIP2014017850)」